बी.एफ.ए. एंट्रेंस एग्जाम गाईड

देवेश तनेजा

क्रम-सूची

फाक्टस

एम.सी.क्यू.

फाक्टस

1. गीतांजलि रवींद्रनाथ टैगोर द्वारा लिखी गई है।

2. अजंता के चित्र बुद्ध से संबंधित हैं।

3. लियोनार्डो-दा-विंची की प्रसिद्ध पेंटिंग मोनालिसा है।

4. नीला एक शांत रंग है।

5. प्राचीन भारतीय कला धर्म से प्रेरित है।

6. भरत मुनि ने अपने नाट्यशास्त्र में रसों का वर्णन किया है।

7. अवनींद्रनाथ नाथ टैगोर ने भारत में वौश की तकनीक की शुरुआत की।

8. गॉथिक कला खिड़की के शीशे की पेंटिंग के लिए प्रसिद्ध है।

9. अल्तामिरा की गुफाएं प्रागैतिहासिक काल की हैं।

10 अजंता में 30 गुफाएँ हैं (कुछ पुस्तकों में 29)।

11. राजा रवि वर्मा की पेंटिंग का मुख्य विषय हिंदू पौराणिक कथाएं हैं।

12. पानी के रंग पारदर्शी होते हैं।

13. शांतिनिकेतन पश्चिम बंगाल में स्थित कला का केंद्र है।

14. पहाड़ी कला विद्यालय का मुख्य केंद्र काँगड़ा है।

15. राजस्थानी चित्रकला में तड़के रंगों का प्रयोग किया जाता है।

16. बनी ठनी किशनगढ़ की प्रसिद्ध पेंटिंग है।

17. ग्वेर्निका को पिकासो ने चित्रित किया था।

18. भारत में पहली प्रिंटिंग मशीन की स्थापना 1556 में गोवा में हुई थी।

19. मधुबनी लघु शैली बिहार की है।

20. श्रीराम जन्मभूमि अयोध्या है।

21. एनजीएमए (आधुनिक कला की राष्ट्रीय गैलरी) दिल्ली में है।

22. ताजमहल का निर्माण राजा शाहजहां ने करवाया था।

23. ताजमहल आगरा में है।

24. कैनवास तैल्य चित्रों के लिए एकदम सही सतह है।

25. लाल, पीला, नीला 3 प्राथमिक रंग हैं।

26. एफिल टावर फ्रांस में स्थित है।

27. इंद्रधनुष में 7 रंग होते हैं।

28. लियोनार्डो-दा-विंची ने लास्ट सपर को चित्रित किया।

29. जी. आर. संतोष तांत्रिक कला से संबंधित हैं।

30. बाइज़ैनटीन कला अवधि मोज़ेक कला के लिए प्रसिद्ध है।

31. एम. एफ. हुसैन घोड़ों की पेंटिंग के लिए जाने जाते हैं।

32. जान वैन आइक को तेल चित्रकला के जनक के रूप में जाना जाता है।

33. प्रिंटमेकिंग में प्लानोग्राफी को लिथोग्राफी भी कहा जाता है।

34. बनी-ठनी पेंटिंग निहाल चंद द्वारा चित्रित की गई है।

35. धनराज भगत एक प्रसिद्ध मूर्तिकार हैं।

36. बंगाल स्कूल के प्रमुख चित्रकार अबनिंद्रनाथ टैगोर हैं।

37. किशनगढ़ लघु चित्र राजस्थान से संबंधित हैं।

38. पहला समाचार पत्र कलकत्ता में छपा था।

39. बंगाल गजट पहला भारतीय मुद्रित समाचार पत्र था।

40. सारे जहां से अच्छा मुहम्मद इकबाल द्वारा लिखा गया था।

41. आर के लक्ष्मण एक प्रसिद्ध कार्टूनिस्ट हैं।

42. बिस्मिल्लाह खान शाहनई वादक हैं।

43. जे जे स्कूल ऑफ आर्ट मुंबई में है।

44. माउंट एवरेस्ट दुनिया का सबसे ऊंचा पर्वत है।

45. बंगाल गजट पहला भारतीय समाचार पत्र है।

46. लॉस्ट वैक्स तकनीक कांस्य की कास्टिंग प्रक्रिया है।

47. वरली लोक चित्रकला का संबंध महाराष्ट्र से है।

48. रंग के मोटे अनुप्रयोग को इम्पैस्टो कहा जाता है।

49. सोमनाथ होरे ने लुगदी प्रिंट श्रृंखला "घाव" बनाया।

50. ताजमहल के वास्तुकार उस्ताद अहमद लाहौरी हैं।

51. गर्म रंग पीले, लाल और नारंगी होते हैं।

52. बिहू असम का लोक नृत्य है।

53. भारतीय ध्वज में केसरिया रंग का अर्थ है बलिदान और साहस।

54. शाहजहाँ की मृत्यु को अबनिन्द्रनाथ टैगोर ने चित्रित किया है।

55. भारत माता को अबनिंद्रनाथ टैगोर ने चित्रित किया है।

56. "स्मृति की दृढ़ता" सल्वाडोर डाली द्वारा चित्रित किया गया है।

57. राम किंकर बैज एक प्रसिद्ध मूर्तिकार हैं।

58. षेरेट पोस्टर डिजाइनर थे।

59. सीज़ेन को आधुनिक कला का जनक कहा जाता है।

60. राजा रवि वर्मा को भारतीय आधुनिक कला का जनक कहा जाता है।

61. ग्रेफाइट एक पेंसिल लैड है।

62. मूर्तिकला 3डी कला के अंतर्गत आती है और पेंटिंग 2डी कला के अंतर्गत आती है।

63. होर्डिंग की तुलना में पोस्टर छोटा है।

64. कपड़ा डिजाइन में ब्लॉक प्रिंटिंग, रोलर प्रिंटिंग और स्क्रीन प्रिंटिंग शामिल है लेकिन फ्रेस्को पेंटिंग से बचा जाता है।

64. जहाँगीर के समय में "पक्षी" चित्र के सर्वश्रेष्ठ कलाकार मंसूर थे।

65. बंगाल स्कूल की गुणवत्ता वॉश की तकनीक है।

66. माइकल एंजेलो ने संगमरमर में "पिएटा" की मूर्ति बनाई।

67. प्रसिद्ध रॉक-कट मंदिर एलोरा में "कैलाशनाथ मंदिर" नाम से है।

68. बाहुबली की अखंड मूर्ति श्रवणबेलगोला, कर्नाटक में है।

69. टेराकोटा के बने योद्धाओं की मूर्तियाँ चीन में पाई जाती हैं।

70. इनर आई डॉक्यूमेंट्री "सत्यजीत रे" द्वारा बनाई गई है।

71. लकड़ी के ब्लॉक द्वारा पहली किताब कहाँ छपी थी=चीन।

72. भारत का राष्ट्रीय प्रतीक अशोक की राजधानी सारनाथ पर आधारित है।

73. एलीफेंटा त्रिमूर्ति के लिए प्रसिद्ध है।

74. सांची स्तूप भोपाल के पास स्थित है।

75. NIFT फैशन टेक्नोलॉजी को समर्पित एक शैक्षिक केंद्र है।

76. एक इंच में 72 अंक होते हैं।

77. सिल्क स्क्रीन बनाने में इस्तेमाल होने वाले कपड़े का नाम बोल्टिंग क्लॉथ है।

78. लेटर प्रेस प्रिंटिंग रिलीफ़ प्रक्रिया के अंतर्गत आती है।

79. जो प्लास्टिक कला के लिए सामग्री नहीं है- बुध।

80. पोंगल तमिलनाडु का एक लोकप्रिय त्योहार है।

81. वंदे मातरम बकीम चंद चैटर्जी द्वारा लिखा गया है।

82. प्रिंटिंग प्रेस का आविष्कार जॉन गुटेन बर्ग ने किया था।

83. कागज पर पेंटिंग की शुरुआत 14वीं सदी में हुई थी।

84. बाल ठाकरे ने एक कार्टूनिस्ट के रूप में अपनी कमाई शुरू की।

85. आर के लक्ष्मण का आम आदमी एक प्रसिद्ध भारतीय कार्टून है।

86. वान गाग ने अपना कान काट दिया और अपने प्रिय को उपहार में दिया।

87. राग-रागिनी चित्रों को राजस्थान में लोकप्रिय रूप से चित्रित किया गया था।

88. प्रागैतिहासिक चित्रों में गेरू रंग का प्रयोग मुख्यतः किया जाता था।

89. पाला और जैन में लघु चित्रों की शुरुआत हुई।

90. लोगो किसी भी उत्पाद और कंपनी का एक शैलीबद्ध नाम है।

91. तुकबंदी और संगीत वाले रेडियो विज्ञापनों को जिंगल के नाम से जाना जाता है।

92. भारत में मैकेनिकल प्रिंटिंग की शुरुआत 1556 में गोवा में हुई थी।

93. कैपिटल लेटरस को अपर केस के रूप में जाना जाता है।

94. पोस्टर का मूल नाम बिलबोर्ड है।

95. 1982 में भारत में कलर टीवी की शुरुआत हुई थी।

96. सेट स्क्वायर त्रिकोणीय होते हैं।

97. पंडित रविशंकर का संबंध सितार से है।

98. बिस्मिल्लाह खान शहनाई वादन के लिए जाने जाते हैं।

99. खजुराहो का कांदरिया महादेव मंदिर हिंदू धर्म से संबंधित है।

100. डी. पी. रॉय चौधरी एक मूर्तिकार हैं।

101. भारतीय ध्वज की चौड़ाई और लंबाई का अनुपात 2:3 है।

102. भारतीय ध्वज की लंबाई और चौड़ाई का अनुपात 3:2 है।

एम.सी.क्यू.

Q1. भारत का राष्ट्रीय पक्षी कौनसा है?

उत्तर: मोर

प्रश्न 2. टाइगर वुड्स एक प्रसिद्ध.........है:

उत्तर: गोल्फर

Q3. डिएगो माराडोना एक प्रसिद्ध..........थे:

उत्तर: फुटबाल खिलाड़ी

प्रश्न4. विश्व में सबसे अधिक जनसंख्या वाला देश कौन सा है?

उत्तर: चीन

प्रश्न5. चाय के लिए कौन सा राज्य प्रसिद्ध है?

उत्तर: असम

प्रश्न6. शिवाजी महाराज किस साम्राज्य से संबंधित थे?

उत्तर: मराठा

प्रश्न7. प्रसिद्ध संगीतकार तानसेन किस मुगल राजा के दरबार में थे?

उत्तर: अकबर

प्रश्न 8. मुंशी प्रेमचंद प्रसिद्ध..........थे:

उत्तर: हिन्दी लेखक।

प्रश्न 9. एलीफेंटा गुफाएँ कहाँ स्थित हैं?

उत्तर: महाराष्ट्र

प्रश्न10. ताजमहल किस सामग्री से बना है?

उत्तर: सफ़ेद संगमरमर

प्रश्न11. एक टीम में कितने खिलाड़ी क्रिकेट खेल सकते हैं?

उत्तर: 11

प्रश्न12. पीला और लाल कौनसा रंग बनाता है?

उत्तर: नारंगी

प्रश्न13. किस भाषा को अंतर्राष्ट्रीय भाषा के रूप में जाना जाता है?

उत्तर: अंग्रेज़ी

प्रश्न14. "द लास्ट सपर" पेंटिंग किसके द्वारा बनाई गई थी?

उत्तर: लियोनार्डो दा विंची

प्रश्न15. दिल्ली के निकट बहने वाली नदी है:

उत्तर: यमुना

प्रश्न16. एम.एफ. हुसैन द्वारा बनाई गई किसी फिल्म का नाम बताइए। हुसैन:

उत्तर: गज गामिनी

प्रश्न17. वाटर कलर पेंटिंग के लिए सबसे अच्छा परिणाम किस पर आता है?

उत्तर: कागज़

प्रश्न18. प्रसिद्ध "मधुबनी पेंटिंग" भारत के किस राज्य का प्रतिनिधित्व करती हैं?

उत्तर: बिहार

प्रश्न19. भारतीय राष्ट्रीय ध्वज के "चक्र" में किस रंग का प्रयोग किया जाता है?

उत्तर: नीला

प्रश्न20. अजंता की गुफाओं को किस लिए जाना जाता है?

उत्तर: चित्रों

प्रश्न 21. किस भारतीय कलाकार ने भारतीय भगवान के सबसे अधिक चित्र बनाए हैं?

उत्तर। राजा रवि वर्मा

प्रश्न 22. दिल्ली में स्थापित होने से पहले, जामिया मिलिया इस्लामिया की स्थापना किस शहर में हुई थी?

उत्तर। अलीगढ़

प्रश्न 23. विश्व प्रसिद्ध हास्य अभिनेता "चार्ली चैपलिन" किस देश से संबंधित हैं?

उत्तर। ब्रिटेन

प्रश्न 24। भारत को ब्रिटिश शासन से स्वतंत्रता मिली:

उत्तर। 1947

प्रश्न 25. अंडे के पीले भाग को कहते हैं :

उत्तर। जर्दी/ यॉक

प्रश्न 26। प्रसिद्ध चित्र चित्रकला "बनी ठनी" किस शैली में है?

उत्तर। राजस्थानी शैली

प्रश्न 27. मोहनजोदड़ो सभ्यता की प्रसिद्ध मूर्ति "डांसिंग गर्ल" किस माध्यम में है?

उत्तर। पीतल

प्रश्न 28. सरदार बल्लभ भाई पटेल भारत के किस राजनीतिक दल के नेता थे?

उत्तर। भारतीय राष्ट्रीय कांग्रेस पार्टी

प्रश्न 29। भारत के संविधान निर्माण का नेतृत्व किसने किया?

उत्तर। डॉ भीम राव अम्बेडकर

प्रश्न 30. अमृता शेरगिल उनके............ के लिए प्रसिद्ध थीं:

उत्तर। तैल्य रंग पेंटिंग

प्रश्न 31. हिमालय पर्वत की सबसे ऊँची चोटी कौन सी है?

उत्तर। माउंट एवरेस्ट

प्रश्न 32. डिस्कवरी ऑफ इंडिया किस राजनेता द्वारा लिखी गई थी?

उत्तर। पंडित जवाहरलाल नेहरू

प्रश्न 33. नेताजी सुभाष चंद्र बोस ने एक सेना का गठन किया जिसे कहा जाता है:

उत्तर। आजाद हिंद फौजी

प्रश्न34. तैयब मेहता कौन थे?

उत्तर। प्रसिद्ध भारतीय चित्रकार

प्रश्न 35. कठोरता बढ़ाने के लिए, हम किस पेंसिल का चयन करेंगे:

उत्तर। 2H, 4H, 6H, 7H, 8H लीड्स

प्रश्न 36. क्लासिक अजंता पेंटिंग किस काल की है?

उत्तर। गुप्त काल

प्रश्न 37. मॉडल के रूप में माधुरी दीक्षित के साथ किस कलाकार ने श्रृंखला चित्रकला चित्रित की?

उत्तर। एम.एफ. हुसैन

Q38. किस भारतीय संगीतकार को "शहनाई" वाद्य यंत्र का श्रेय दिया जाता है?

उत्तर। बिस्मिल्लाह खान

प्रश्न39. अजंता की गुफाओं की खोज किस वर्ष हुई थी?

उत्तर। 1819

प्रश्न 40. "फेस बुक" के सह-संस्थापक और अध्यक्ष के लिए कौन जाने जाते हैं?

उत्तर। मार्क जकरबर्ग

प्रश्न 41. समद्विबाहु त्रिभुज की कितनी भुजाएँ बराबर होती हैं?

उत्तर। 2 बराबर भुजा

प्रश्न 42. लाल और हरे रंग को मिलाकर कौन सा रंग प्राप्त होता है?

उत्तर। भूरा

प्रश्न 43. भारत में किसी ऑनलाइन शॉपिंग साइट का नाम बताएं?

उत्तर। फ्लिपकार्ट

प्रश्न 44। एमराल्ड किस रंग की शेड है?

उत्तर। हरा

प्रश्न 45. नियॉन साइन बोर्ड निम्न का माध्यम है:

उत्तर। आउटडोर विज्ञापन

प्रश्न 46. लोक चित्रकला की पिचवाई शैली का संबंध कहाँ से हैं?

उत्तर। राजस्थान

प्रश्न 47. "शकुंतला" का चित्रांकन किसने किया?

उत्तर। राजा रवि वर्मा

Q48. वृत्त के केंद्र से गुजरने वाली सीधी रेखा क्या कहलाती है?

उत्तर। व्यास

प्रश्न49. किसी अंतर्राष्ट्रीय नृत्य शैली का नाम बताइए?

उत्तर। साल्सा नृत्य

प्रश्न 50. सिनेमा में आजीवन उपलब्धियों के लिए ऑस्कर से सम्मानित पहले भारतीय थे:

उत्तर। सत्यजीत रे

Q51. "कैलीग्राफी" क्या है?

उत्तर। शैलीबद्ध लेखन की कला

Q52. आर. के. लक्ष्मण क्यों प्रसिद्ध है?

उत्तर। कार्टून कैरिकेचर में उनका योगदान

प्रश्न 53. पूरक रंगों की एक जोड़ी का नाम बताइए:

उत्तर। नीला नारंगी

प्रश्न 54. सांची स्तूप कहाँ स्थित हैं?

उत्तर। भोपाल के पास

प्रश्न 55। क्षैतिज रेखाएँ बताती हैं:

उत्तर। गुरुत्वाकर्षण और स्थिरता

प्रश्न 56. "स्टैच्यू ऑफ लिबर्टी".............में है:

उत्तर। न्यूयॉर्क शहर

प्रश्न 57. "सोनाटा" कार किसका मॉडल है?

उत्तर। हुंडई मोटर्स

प्रश्न 58. "सिंथॉल" साबुन को ब्रांड किस कंपनी द्वारा किया गया?

उत्तर। गोदरेज

प्रश्न59. रवींद्रनाथ टैगोर ने किस किस देश का राष्ट्रगान लिखा है?

उत्तर। भारत, बांग्लादेश

प्रश्न 60। विश्व प्रसिद्ध मूर्तिकार का नाम बताएं।

उत्तर। अनीश कपूर

प्रश्न 61. ताजमहल किस नदी के दक्षिण तट पर स्थित है ?

उत्तर। यमुना नदी

प्रश्न 62. सांखो चौधरी कौन हैं?

उत्तर। मूर्तिकार

प्रश्न 63. "गोंड" पेंटिंग भारत के किस राज्य में लोकप्रिय है?

उत्तर। मध्य प्रदेश

प्रश्न 64. हुमायूँ-नामा के लेखक कौन हैं?

उत्तर। गुलबदन बेगम

प्रश्न 65. तंजौर पेंटिंग किसका मूल कला रूप है:

उत्तर। (तंजावुर) तमिलनाडु

प्रश्न 66. स्वामी विवेकानंद का वास्तविक नाम क्या था?

उत्तर। नरेंद्रनाथ दत्त

प्रश्न 68. लोक "छऊ नृत्य" की उत्पत्ति भारत के किस भाग में हुई है?

उत्तर। पश्चिम बंगाल

प्रश्न69. "सारे जहां से अच्छा हिंदुस्तान..." की रचना किसने की थी?

उत्तर। मुहम्मद इकबाली

प्रश्न 70. इकेबाना एक जापानी कला है, जिसका अर्थ क्या है?

उत्तर। फूलों की व्यवस्था

प्रश्न 71. ताजा बिछाए गए चूने के प्लास्टर को क्रियान्वित करने वाले भिति चित्रों की तकनीक को क्या कहा जाता है?

उत्तर। फ्रेस्को

प्रश्न 72। गांधार विचारधारा की दुनिया में किसका प्रभाव देखा गया?

उत्तर। यूनानी

प्रश्न 73. राजा हरीश चंद्र, एक प्रारंभिक भारतीय फिल्म किसके द्वारा निर्मित की गई थी?

उत्तर। दादासाहेब फाल्के

प्रश्न 74. पारदर्शिता दिखाने के लिए किस रंग का प्रयोग किया जाता है?

उत्तर। पानी के रंग

प्रश्न 75. सबसे कोमल पेंसिल कौन सी है?

उत्तर। 10बी,12बी

प्रश्न 76। प्रसिद्ध मोनालिसा पेंटिंग कहाँ स्थित है?

उत्तर। लौव्र संग्रहालय, पेरिस

प्रश्न 77. किस रंग को पृथ्वी का रंग भी कहा जाता है?

उत्तर। हल्का नीला

प्रश्न 78. खजुराहो मंदिर स्थित हैं:

उत्तर। मध्य प्रदेश

प्रश्न79. सिस्टिन चैपल किसके द्वारा चित्रित किया गया है?

उत्तर। माइकल एंजेलो

प्रश्न 80. भारत की पहली सभ्यता कहाँ बसी थी?

उत्तर। सिंधु घाटी

प्रश्न 81. चंडीगढ़ शहर को किसने डिजाइन किया?

उत्तर। ली कोरबुसिएर

प्रश्न 82. किसी एक हिन्दी कवि का नाम बताइए?

उत्तर। हरिवंश राय बच्चन

प्रश्न 83. रवींद्रनाथ टैगोर का जन्म हुआ था:

उत्तर। 7 मई 1861

प्रश्न 84. दो बिंदुओं के बीच की दूरी कहलाती है:

उत्तर। रेखा

प्रश्न 85. मोम लगाने से कपड़ों को रंगने की विधि क्या कहलाती है?

उत्तर। बटिक

प्रश्न 86. नक्क़ाशी किस कला की एक आकर्षक प्रक्रिया है?

उत्तर। प्रिंट मेकिंग

प्रश्न 87. जहांगीर आर्ट गैलरी कहाँ स्थित है:

उत्तर। मुंबई

प्रश्न 88. वान गाग की किसी एक पेंटिंग का नाम बताइए?

उत्तर। सूरजमुखी

प्रश्न 89. सालार जंग संग्रहालय कहाँ स्थित है?

उत्तर। तेलंगाना

प्रश्न 90. वॉश पेंटिंग्स का संबंध कहाँ से है?

उत्तर। बंगाल स्कूल

प्रश्न 91. पंडित हरि प्रसाद चौरसिया किसके लिए प्रसिद्ध थे:

उत्तर। बांसुरी

प्रश्न 92. शेक्सपियर के अंतिम पूर्ण नाटक के रूप में किस नाटक को जाना जाता है?

उत्तर। दो नोबेल रिश्तेदार

प्रश्न 93। मानक कंप्यूटर कीबोर्ड के बाएं कोने पर कौन सी की(key) पाई जाती है?

उत्तर। एसकेप

प्रश्न94. वर्ष 2015 में क्रिकेट विश्व कप किसने जीता?

उत्तर। ऑस्ट्रेलिया

प्रश्न 95. एम एफ हुसैन का जन्म कब हुआ था ?

उत्तर। 17 सितंबर 1915

प्रश्न 96। अगस्टे रॉबिन एक प्रसिद्ध............ थे:

उत्तर। मूर्तिकार

प्रश्न97. दस भुजाओं और कोणों वाली एक समतल आकृति को क्या कहा जाता है?

उत्तर। दसभुज

प्रश्न 98. वुडब्लॉक प्रिंटिंग सबसे पहले कहाँ शुरू हुई थी:

उत्तर। चीन

प्रश्न 99. कव्वाली संगीत........... पर आधारित है:

उत्तर। सूफी शायरी

प्रश्न 100। राजस्थान में स्थानीय लोक कला और संस्कृति, एरोबेटिक्स, ऊंट दौड़ को प्रदर्शित करने वाले वार्षिक आयोजन डेजर्ट फेस्टिवल को कहाँ आयोजित किया जाता है?

उत्तर। जैसलमेर

Q101. वरली किस राज्य की लोक चित्रकला है ?

उत्तर। महाराष्ट्र

प्रश्न 102। विश्व की सबसे लंबी नदी है:

उत्तर। नील

प्रश्न103. स्टैच्यू ऑफ यूनिटी कहाँ स्थित है?

उत्तर। भारत, गुजरात

Q104. एक समूह के रूप में रेखा, आकार, रंग, मान, बनावट, स्थान और रूप कहलाते हैं:

उत्तर। कला के तत्व

क्यू105. लौव्र संग्रहालय स्थित है:

उत्तर। पेरिस

प्रश्न 106। तमस किस रंग की विशेषता है?

उत्तर। काला

प्रश्न107. उस भारतीय चित्रकार का नाम बताइए, जो अपने तेल चित्रों के लिए प्रसिद्ध था?

उत्तर। राजा रवि वर्मा

Q108. भारतीय रिजर्व बैंक, नई दिल्ली में यक्ष की विशालकाय मूर्ति किसकी रचना है?

उत्तर। राम किंकर बैज

प्रश्न109. जहाँगीर के दरबार में पक्षियों का सर्वश्रेष्ठ कलाकार कौन था?

उत्तर। उस्ताद मंसूर

प्रश्न 110. "लोगो" क्या है?

उत्तर। उत्पाद ब्रांड का स्टाइलिश नाम

प्रश्न111. "गीतांजलि" की रचना किसने की?

उत्तर। रविंद्रनाथ टैगोर

Q112. एल ई डी का फुल फॉर्म क्या है?

उत्तर। लाइट एमिटिन्ग डायोड

प्रश्न113. पाबूजी किस राज्य से संबंधित हैं?

उत्तर। राजस्थान

Q114. "जियो" की टैगलाइन क्या है?

उत्तर। जियो डिजिटल लाइफ

Q115. अशोक चक्र में कितने शेर होते हैं?

उत्तर। चार शेर

प्रश्न116. भारत के राष्ट्रपति, जिन्होंने अलीगढ़ मुस्लिम विश्वविद्यालय के वी सी का कार्य भार भी सम्भाला?

उत्तर। डॉ. जाकिर हुसैन

प्रश्न117. "ब्रोकेड" किस प्रकार की चीज से संबंधित है?

उत्तर। साड़ी (कपड़ा)

प्रश्न118. प्रसिद्ध पेंटिंग मोनालिसा किस देश की है?

उत्तर। फ्रांस

Q119. अजंता की दीवारों पर पेंटिंग का विषय क्या है?

उत्तर। जातकों के किस्से (बौद्ध)

Q120. सभी ललित कलाओं में कौन सा तत्व मौजूद है?

उत्तर। शैलीगत विशेषताएं (रेखा, स्थान, बनावट, रूप, स्थान, रंग और मूल्य)

Q121. "आधुनिक कला का जनक" किसे माना जाता है?

उत्तर। पॉल सेज़ान

प्रश्न122. किसी तांत्रिक चित्रकार का नाम बताएं?

उत्तर। जी.आर. संतोष

प्रश्न123. होर्डिंग की तुलना में पोस्टर............ है :

उत्तर। छोटा

Q124. सना हुआ ग्लास खिड़कियाँ चित्रकला की किस परंपरा से संबंधित हैं?

उत्तर। गोथिक कला

प्रश्न 125। लोकप्रिय पेंटिंग "भारत-माता" किसने चित्रित की?

उत्तर। अवनिंद्रनाथ टैगोर

Q126. बीएचयू का कुल-गीत किसने लिखा था?

उत्तर। डॉ. शांति स्वरूप भटनागर

प्रश्न127. भगवान बुद्ध का जन्म कहाँ हुआ था?

उत्तर। लुंबिनी, नेपाल

Q128. यह देशभक्ति गीत "ऐ मेरे वतन के लोगो जरा आँख में भरलो पानी" किसने लिखा है?

उत्तर। प्रदीप

प्रश्न129. तुकबंदी और संगीत वाले रेडियो विज्ञापनों को कहा जाता है:

उत्तर। जिंगल

प्रश्न 130. कला में अनुकरण का सिद्धांत किसने प्रतिपादित किया?

उत्तर। प्लेटो

Q131. "वुड ब्लॉक पेंटिंग" की उत्पत्ति किस महाद्वीप में हुई थी?

उत्तर। एशिया

प्रश्न 132। ग्रेफाइट क्या है?

उत्तर। पेंसिल लीड

प्रश्न 133। किशनगढ़ की लोकप्रिय पेंटिंग का नाम बताइए:

उत्तर। बानी ठनी

प्रश्न134. "भारत-भवन" कहाँ स्थित है?

उत्तर। भोपाल

प्रश्न135. "चित्र-लक्षनम" के लेखक कौन हैं?

उत्तर। नग्नाजीत

प्रश्न136. कौन सी ललित कला "3D" कला के अंतर्गत आती है?

उत्तर। मूर्ति कला

Q137. यूरोपियन पेंटिंग में एक प्रसिद्ध लैंडस्केप पेंटर का नाम बताइए:

उत्तर। जॉन कांस्टेबल

प्रश्न138. रिलीफ प्रिंटिंग के विपरीत क्या है?

उत्तर। इनटैग्लिओ

Q139. एलीफेंटा कि गुफाएँ क्यों प्रसिद्ध हैं?

उत्तर। धार्मिक पेंटिंग

Q140. भारत के एक प्रसिद्ध रेत के मूर्तिकार का नाम बताइए।

भारत के

उत्तर। सुदर्शन पटनायक

Q141. अजंता की गुफाओं में से किस संख्या में सबसे अधिक सोए हुए बुद्ध कि मूर्तियाँ हैं?

उत्तर। गुफा 26

Q142. एक वृत्त की परिधि ________ होती है:

उत्तर। सरकमफ्रेंस circumference

प्रश्न143. "द हिंदू" एक.............है:

उत्तर। दैनिक समाचार पत्र

Q144. ए एम यू का पूर्ण नाम...........है:

उत्तर। अलीगढ़ मुस्लिम विश्वविद्यालय

प्रश्न 145। छेनी एक उपकरण है जिसका उपयोग निम्न के लिए किया जाता है:

उत्तर। लकड़ी की खोदाई

Q146. लकड़ी पर नक्काशी............की एक शैली है:

उत्तर। मूर्ति कला

Q147. बॉम्बे प्रोग्रेसिव आर्टिस्ट्स ग्रुप कहाँ स्थित था?

उत्तर। मुंबई

प्रश्न 148. ताजमहल किस वास्तुकला का उदाहरण है?

उत्तर। मुगल वास्तुकला

प्रश्न 149। त्रिकोण कि कितनी भुजाएँ तथा कोण होते हैं?

उत्तर। तीन भुजाएँ, तीन कोण

Q150. उपनिषद किस विषय की पुस्तक है?

उत्तर। दर्शन

Q151. एक घन.............से मिलकर बनता है:

उत्तर। 6 वर्ग

Q152. "क्षैतिज" का क्या अर्थ है?

उत्तर। पंक्तियां

Q153. अल्लाह रक्खा एक उल्लेखनीय............था:

उत्तर। शास्त्रीय संगीतकार

Q154. एक पाइप क्या है?

उत्तर। बेलनाकार रूप

प्रश्न 155। आयत के कितने पक्ष होते हैं?

उत्तर। 4 पक्ष

प्रश्न 156। भीमबेटका क्यों प्रसिद्ध है?

उत्तर। चट्टान कला

Q157. कोणार्क का "सूर्य मंदिर" कहाँ स्थित है?

उत्तर। उड़ीसा

Q158. अष्टकोण के कितने पक्ष होते हैं?

उत्तर। 8 पक्ष

Q159. फैज़ अहमद फ़ैज़ कौन थे?

उत्तर। कवि

Q160। उस्ताद अमजद अली खान एक उल्लेखनीय.............हैं:

उत्तर। संगीतकार

Q161. "क्विक हील" क्या है:

उत्तर। कंप्यूटर के लिए एंटीवायरस सॉफ्टवेयर

Q.161 एलोरा की गुफाएँ कहाँ स्थित हैं?

उत्तर। महाराष्ट्र

Q.162 ताजमहल का निर्माण किसके द्वारा किया गया था:

उत्तर। शाह जहाँ

Q.163 विज्ञापन डिजाइन .... रूप में जाना जाता है:

उत्तर। एप्लाइड आर्ट

Q164. वह एक विश्व प्रसिद्ध कलाकार हैं:

उत्तर। पिकासो

Q.165 कप और तश्तरी का निर्माण किसका कार्य है?

उत्तर। सिरामिक्स

Q.166 "शिव महेशमूर्ति" जिसे "त्रिमूर्ति" के नाम से भी जाना जाता है, कहाँ स्थित है?

उत्तर। एलीफेंटा

Q.167 वह भारत के प्रसिद्ध चित्रकार हैं:

उत्तर। राजा रवि वर्मा

Q.168 आदम का निर्माण किसके द्वारा चित्रित किया गया है:

उत्तर। माइकल एंजेलो

Q.169 मोनालिसा किस के लिए प्रसिद्ध है:

उत्तर। उसकी मुस्कान

Q.170 फोटोशॉप एक शब्द है जो इससे जुड़ा है:

उत्तर। कंप्यूटर ऑपरेशन

Q.171 अजंता की गुफाएं किसकी कहानियों को दर्शाती हैं:

उत्तर। बौद्ध धर्म

Q.172 बुलंद दरवाजा यहां है:

उत्तर। आगरा

Q.173 गेटवे ऑफ इंडिया यहां है:

उत्तर। मुंबई

Q.174 पद्मपाणि बोधियत्व एक.............है:

उत्तर। चित्र

Q.175 कैलाश मंदिर कहाँ स्थित है:

उत्तर। एलोरा

Q.176 पोस्टर रंग..............हैं:

उत्तर। वाटर बेस्ड

Q.177 नटराज की मूर्ति में किस भगवान को दर्शाया गया है:

उत्तर। शिव

Q.178 कूल कलर्स हैं:

उत्तर। नीला, बैंगनी, हरा

Q.179 मंदिर के दरवाजे की रखवाली करने वाली आकृति कहलाती है:

उत्तर। द्वारपाल

Q.180 मंदिर के शीर्ष भाग को कहा जाता है:

उत्तर। शिखर

Q.181 साइबरस्पेस को किस रूप में जाना जाता है:

उत्तर। कंप्यूटर केंद्र

Q.182 लियोनार्डो दा विंची ने इसे चित्रित किया है:

उत्तर। लास्ट सपर

Q.183 मॉनिटर का संबंध किससे है?

उत्तर। कंप्युटर

Q.184 बाहुबली कहाँ स्थित है:

उत्तर। श्रवणबेलगोला

Q.185 कालिदास एक.............है:

उत्तर। कवि

Q.186 गोपुरम का संबंध किससे है?

उत्तर। मंदिर

Q.187 वरली पेंटिंग किसकी आदिवासी कला है?

उत्तर। भारत

Q.188 लघु पेंटिंग हैं:

उत्तर। छोटी पेंटिंग

Q.189 पुस्तक के फोटोग्राफ कहलाते हैं:

उत्तर। चित्र

Q.190 यह जानवर एक प्रसिद्ध कार्टून चरित्र में बदल गया है:

उत्तर। माउस

Q.191 शीघ्रता से की गई ड्राइंग............. कहलाती है:

उत्तर। स्केच

Q.192 आकार __________ आयामी है।

उत्तर। दो आयामी

Q.193 रंगीन कांच की पेंटिंग...............कहलाती है:

उत्तर। स्टेन ग्लास पेंटिंग

Q.194 पेंटिंग में दूरी दिखाने की एक विधि..............कहलाती है:

उत्तर। परिप्रेक्ष्य

Q.195 जब एक प्रकाश किरण प्रिज्म से गुजरती है तो हम .... देखते हैं:

उत्तर। सात रंग

Q.196 एक तकनीक जिसमें दीवार पर चित्र बनाने के लिए रंगीन पत्थरों का उपयोग किया जाता है, उसे क्या कहते हैं?

उत्तर। पीट्रा ड्यूरा

Q.197 मिस्रवासियों ने राजाओं और रानियों के शवों को रखने के लिए ___________ बनाया है।

उत्तर। पिरामिड

Q.198 किस जानवर का संबंध भगवान शिव से है?

उत्तर। बैल

Q.199 जैन धर्म में आध्यात्मिक गुरु .... कहलाते हैं :

उत्तर। तीर्थंकर

Q.200 काला रंग + सफेद रंग हमें........... रंग देगा:

उत्तर। स्लेटी (grey)

Q.201 रंग के पहिये पर लाल, पीला और नीला है:

उत्तर। प्राथमिक रंग

Q.202 प्रकाश में ही रंगों के अस्तित्व की खोज करने वाला पहला व्यक्ति है:

उत्तर। सर आइजैक न्यूटन

Q.203 ट्रैफिक सिग्नल में "GO" को दर्शाने वाला रंग है:

उत्तर। हरा

Q.204 हम किसी भी वस्तु को किसकी सहायता से देख सकते हैं:

उत्तर। प्रकाश और दृष्टि

Q.205 एक सेंटीमीटर .... के बराबर होता है:

उत्तर। 10 मिमी

Q.206 एक फुट .... के बराबर होता है:

उत्तर। 12 इंच

Q.207 सुंदर हस्तलेखन की कला कहलाती है:

उत्तर। कैलीग्राफी

Q.208 कंप्यूटर का आउटपुट डिवाइस निम्नलिखित है:

उत्तर। मॉनीटर, प्रिनटर

Q.209 जब कोई किसी चीज को ध्यान से देखता है तो उसे .... कहते हैं:

उत्तर। अवलोकन (observation)

Q.210 पद्मपाणि बुद्ध की एक पेंटिंग को.................... में चित्रित किया गया है:

उत्तर। अजंता की गुफाएँ

Q.211 सर जे.जे स्कूल ऑफ आर्ट कहाँ स्थित है?

उत्तर। मुंबई

Q.212 डॉ. जयंत नार्लीकर एक .... है:

उत्तर। खगोल शास्त्री

Q.213 एम.एफ हुसैन एक प्रसिद्ध .... है:

उत्तर। चित्रकार

Q.214 इंडिया गेट स्थित है:

उत्तर। नई दिल्ली

Q.215 भारत के राष्ट्रपति बनने वाले पहले वैज्ञानिक:

उत्तर। डाक्टर ए.पी.जे. अब्दुल कलाम

Q.216 जे जे आर्ट कॉलेज की बीएफए डिग्री किसके द्वारा दी जाती है:

उत्तर। मुंबई विश्वविद्यालय

Q.217 कैमरे से बने चित्र को क्या कहते हैं?

उत्तर। फोटो

Q.218 पेंट करने के लिए आप जिस टूल का उपयोग करते हैं, वह है:

उत्तर। ब्रश

Q.219 पोस्टर रंग का माध्यम................है:

उत्तर। पानी

Q.220 किसी वस्तु का एक से दूसरे तक की माप या दूरी कहलाती है:

उत्तर। लंबाई

Q.221 कैमरे में कांच का एक घुमावदार टुकड़ा है:

उत्तर। लेंस

Q.222 भवन डिजाइन करने का कौशल है:

उत्तर। आर्किटेक्चर

Q.223 विशेष रूप से कला में सौंदर्य के अध्ययन को कहा जाता है:

उत्तर। सौंदर्यशास्त्र

Q.224 यह उड़ रहा है:

उत्तर। दाएं से बाएं

Q.225 ए और बी...............हैं:

उत्तर। 'ए' और 'बी' बराबर हैं

Q.226 यह एक...............है:

उत्तर। प्रपत्रों का उन्नय

Q.227 यह एक है:

उत्तर। प्रतिकृति

Q.228 यह एक ग्राफिक प्रस्तुति है:

उत्तर। आँख

प्र.229 यह एक............. है :

उत्तर। दुहराव

प्र.230 यह है:

उत्तर। सममित संतुलन

प्र.231 यह है:

उत्तर। बारिश हो रही

Q.232 यह किसकी प्रतीकात्मक प्रस्तुति है:

उत्तर। विकलांगता

Q.233 उनकी एक प्रतीकात्मक प्रस्तुति है:

उत्तर। शांति

Q.234 आप __________ को मिलाकर हरा रंग प्राप्त कर सकते हैं

उत्तर। पीला और नीला

Q.235 रंग लाल _________ का सुझाव देता है

उत्तर। खतरा

Q.236 निम्नलिखित में से कौन-सा एक प्राथमिक रंग नहीं है?

उत्तर। काला

Q.237 _________ कम से कम दूरी से दो बिंदुओं को जोड़ता है।

उत्तर। एक सीधी पंक्ति

Q.238 एक सेरिफ़ _________ का हिस्सा है

उत्तर। लेटरफॉर्म

Q.239 इंटीरियर डिजाइनर_________ को डिजाइन करते हैं

उत्तर। घरों

Q.240 हार्ड पेंसिल _________ की होती हैं

उत्तर। एच ग्रेड

Q.241 लता मंगेशकर एक प्रसिद्ध............... थीं:

उत्तर। गायक

Q.242 एलीफेंटा गुफाएँ............... के निकट स्थित हैं:

उत्तर। मुंबई

Q.243 अजंता की गुफाएँ............... के निकट स्थित हैं:

उत्तर। औरंगाबाद (महाराष्ट्र)

Q.244 'वर्ली' पेंटिंग...............है:

उत्तर। महाराष्ट्र की जनजातीय कला

Q.245 डिग्री B.F.A का अर्थ है:

उत्तर। ललित कला स्नातक

Q.246 कैलीग्राफी.............. कि कला है

उत्तर। सुंदर लिखावट

Q.247 इमेज बनाने के लिए किस सॉफ्टवेयर का उपयोग किया जाता है?

उत्तर। कोरल ड्रा

Q.248 रेस्तरां किस प्रतीक द्वारा सुझाया गया है?

उत्तर।

Q.249 रंग के पहिये पर तीन प्राथमिक रंग लाल, नीला और _________ हैं

उत्तर। पीला

Q.250 वाटर कलर पेंटिंग की शुरुआत 18वीं सदी में कहां हुई थी?

उत्तर। इंगलैंड

Q.251 महाराष्ट्र का मुख्य त्योहार है:

उत्तर। गणेश चतुर्थी

Q.252 ओलंपिक 2008 में कहाँ आयोजित किया गया था:

उत्तर। बीजिंग

Q.253 कोणार्क इसके लिए प्रसिद्ध है:

उत्तर। सूर्य मंदिर

Q.254 गुजरात का लोक नृत्य क्या है?

उत्तर। गरबा

Q.255 सिन्धु सभ्यता में खोजा गया शहर है:

उत्तर। मोहन जोदड़ो

Q.256 भारतीय राष्ट्रीय ध्वज के चक्र (पहिया) का रंग है:

उत्तर। गहरा नीला

Q.257 देश का सर्वोच्च नागरिक सम्मान है:

उत्तर। भारत रत्न

Q.258 सानिया मिर्जा किस खेल से जुड़ी हैं?

उत्तर। टेनिस

Q.259 कथकली किसका नृत्य रूप है?

उत्तर। केरल

Q.260 वे एक प्रसिद्ध मराठी लेखक थे:

उत्तर। पुरुषोत्तम लक्ष्मण देशपांडे

Q.261 पद्मपाणि बोधिसत्व एक प्रसिद्ध पेंटिंग है, जो................ में पायी गयी:

उत्तर। अजंता की गुफाओं

Q.262 महावीर किस धर्म से जुड़े हैं?

उत्तर। जैन धर्म

Q.263 कंप्यूटर का इनपुट डिवाइस निम्नलिखित है:

उत्तर। माउस

Q.264 एक इंच.......... के बराबर होता है:

उत्तर। 2.54 सेमी

Q.265 स्लमडॉग मिलियनेयर के लिए ऑस्कर जीतने वाले संगीत निर्देशक हैं:

उत्तर। ए.आर. रहमान

Q.266 यह सबसे कठोर पेंसिल है:

उत्तर। 10 एच

Q.267 सत्यजीत रे एक प्रसिद्ध .... हैं:

उत्तर। फिल्म निर्माता

Q.268 गोल गुम्बज .... में स्थित है:

उत्तर। बीजापुर

Q.269 सालार जंग संग्रहालय .... में स्थित है:

उत्तर। हैदराबाद

Q.270 दूरी मापने की मानक इकाई है:

उत्तर। किलोमीटर

Q.271 वॉल्ट डिज़्नी के प्रसिद्ध कार्टून चरित्र हैं:

उत्तर। मिकी माउस

Q.272 सतीश गुजराल एक प्रसिद्ध हैं:

उत्तर। कलाकार

Q.273 वह भारत के पहले राष्ट्रपति थे:

उत्तर। डॉ राजेंद्र प्रसाद

Q.274 यह किसका प्रतीक है:

उत्तर। भारतीय स्टेट बैंक

Q.275 यह चरित्र किसके द्वारा बनाया गया था:

उत्तर। आर के लक्ष्मण

Q.276 कुल कितने त्रिभुज हैं?

उत्तर। पाँच

Q.277 इसे कहते हैं:

उत्तर। दुहराव

Q.278 यह CPU में स्थित भाग है:

उत्तर। मदर बोर्ड

Q.279 कंप्यूटर में बिजली की आपूर्ति किसके द्वारा नियंत्रित होती है:

उत्तर। एस एम पी एस

Q.280 आर.के.लक्ष्मण एक.............है:

उत्तर। कार्टूनिस्ट कलाकार

Q.281 नवरतन हिमानी हेयर ऑयल.................द्वारा प्रचारित है:

उत्तर। अमिताभ बच्चन

Q.282 'जहाँगीर आर्ट गैलरी कहाँ स्थित है:

उत्तर। मुंबई

क्यू.283 एम.एफ. हुसैन को कहाँ की नागरिकता की पेशकश की गई है:

उत्तर। कतर

Q.284 भरत नाट्यम किसका नृत्य है?

उत्तर। तमिलनाडु

Q. 285 द्वितीयक रंग किसके संयोजन से बनते हैं:

उत्तर। मुख्य

Q.286 प्राथमिक रंग हैं:

उत्तर। लाल, नीला, पीला

Q.287 गर्म रंग हैं:

उत्तर। लाल, पीला, नारंगी और केसर

Q.288 रंगों को............. से देखा जाता है:

उत्तर। प्रकाश, आँख और बुद्धी

Q.289 इंडिया गेट स्थित है:

उत्तर। दिल्ली

Q.290 अजमल कसाब को............. का दोषी ठहराया गया है:

उत्तर। 9/11 के हमले का

Q.291 पाकिस्तान में POK को.............. के रूप में जाना जाता है:

उत्तर। पाक अधिकृत कश्मीर

Q.292 हेमा मालिनी एक __________ नर्तकी हैं।

उत्तर। भरत नाट्यम

Q.293 RK फिल्मों के लोगो से कौन जुड़ा है:

उत्तर। राज कपूर

Q.294 आई-पॉड का उपयोग किसके लिए किया जाता है:

उत्तर। संगीत

Q.295 एस एम एस का अर्थ है:

उत्तर। शॉर्ट मैसेज सर्विस

Q.296 1955 में हुसैन की किस पेंटिंग को ललित कला अकादमी राष्ट्रीय पुरस्कार से सम्मानित किया गया था?

उत्तर। ज़मीं

Q.297 मुंबई के अंतरराष्ट्रीय हवाई अड्डे का नाम किसके नाम पर रखा गया है:

उत्तर। छत्रपति शिवाजी

Q.298 अकबर के शासनकाल के दौरान, ध्रुपद गायकों में शामिल थे:

उत्तर। तानसेन

Q.299 उदयपुर को किस नाम से जाना जाता है:

उत्तर। सन सिटी

Q.300 IPL के बर्खास्त कमिश्नर थे:

उत्तर। ललित कुमार मोदी

Q.301 14वीं से 16वीं शताब्दी के बीच मुख्य रूप से फ्रेस्को तकनीक का प्रयोग कहाँ किया गया?

उत्तर। इटली

Q.302 नागपुर............. के रूप में जाना जाता है:

उत्तर। ऑरेंज सिटी

Q.303 विजय माल्या...............आईपीएल टीम के मालिक थे:

उत्तर। रॉयल चैलेंजर्स

Q.304 वह बिंदु जहाँ रेखाएँ क्षितिज पर एक साथ आती हैं:

उत्तर। लोपी बिन्दु/ वैनिशिंग पॉइंट

Q.305 कवि, लेखक और कलाकार होने के विशिष्ट गुण किस व्यक्ति के हैं?

उत्तर। रविंद्रनाथ टैगोर

Q.306 कंपनी 'Apple' का लोगो किसके द्वारा डिजाइन किया गया था:

उत्तर। रोब जानोफ

Q.307 वाटर कलर पेंटिंग की शुरुआत 18वीं सदी में कहां हुई थी?

उत्तर। इंगलैंड

प्र.308 14वीं से 16वीं शताब्दी के बीच मुख्य रूप से फ्रेस्को तकनीक का प्रयोग कहाँ किया गया?

उत्तर। इटली

Q.309 ऑइल पेंटिंग में किस सामग्री का उपयोग नहीं किया जाता है?

उत्तर। पानी

Q.310 वह बिंदु जहां क्षितिज पर रेखाएं एक साथ आती हैं:

उत्तर। लोपी बिन्दु/ वैनिशिंग पॉइंट

Q.311 मोनोक्रोम क्या है?

उत्तर। एक रंग के शेड्स

Q.312 किरण नादर संग्रहालय कला के निदेशक कौन हैं?

उत्तर। रूबिना करोदे

Q.313 कवि, लेखक और कलाकार होने के विशिष्ट गुण किस व्यक्ति के हैं?

उत्तर। रविंद्रनाथ टैगोर

Q.314 अकबर के शासनकाल के दौरान, ध्रुपद गायकों में शामिल थे:

उत्तर। तानसेन

Q.315 गौतम बुद्ध ने अपना पहला उपदेश कहाँ दिया था-

उत्तर। सारनाथ

Q.316 वनस्थली विद्यापीठ को मुख्य रूप से किसके क्षेत्र में सफल प्रयोग के रूप में जाना जाता है -

उत्तर। महिला शिक्षा

Q.317 टेलीकांफ्रेंसिंग सबसे उपयुक्त है-

उत्तर। आमने सामने शिक्षण के लिये

Q.318 दिलवाड़ा मंदिर .... में स्थित है

उत्तर। माउंट आबू

Q.319 'विंग्स ऑफ लाइफ' किसकी एक प्रसिद्ध आत्मकथा है?

उत्तर। ए पी जे अब्दुल कलाम

Q.320 अनुपम सूद एक प्रसिद्ध.............हैं

उत्तर। प्रिंट निर्माता

Q.321 सांची स्तूप .... में बनाया गया था

उत्तर। मौर्य काल

Q.322 किस शहर को "झीलों का शहर" कहा जाता है?

उत्तर। उदयपुर

प्र.323 यह एक .... है

उत्तर। समभुज त्रिकोण

Q.324 राष्ट्रीय नाट्य विद्यालय किस शहर में स्थित है

उत्तर। नई दिल्ली

Q.325 "द स्कूल ऑफ एथेंस" किसके द्वारा बनाई गई प्रसिद्ध पेंटिंग है

उत्तर। रफएल

Q.326 "भारत के राष्ट्रपति"

उत्तर। श्रीमती द्रौपदी मुर्मू

Q.327 ब्रिटिश प्रिंस विलियम्स की हाल ही में किससे शादी हुई थी?

उत्तर। कैथरीन मिडलटन

Q.328 लद्दाख की राजधानी है

उत्तर। लेह

Q.329 अमृतसर पंजाब में स्वर्ण मंदिर............ से घिरा हुआ है

उत्तर। पानी

Q.330 लोकसभा के अध्यक्ष हैं

उत्तर। श्री ओम बिरला

Q.331 विवेकानंद रॉक मेमोरियल.............में है

उत्तर। भारत के दक्षिण

Q.332 गुजरात राज्य में सत्तारूढ़ दल है

उत्तर। बी जे पी

Q.333 सेरीकल्चर" किसका अध्ययन है?

उत्तर। रेशम के कीड़े

Q.334 आंध्र प्रदेश हस्तशिल्प और हथकरघा राज्य एम्पोरियम का नाम है:

उत्तर। लेपाक्षी

Q.335 हैदराबाद में रमजान महीने के दौरान सबसे प्रसिद्ध खाद्य पदार्थ है

उत्तर। हलीम

Q.336 रवींद्रनाथ टैगोर ने अपने कविता संग्रह के लिए नोबेल पुरस्कार जीता जिसे .... कहा जाता है

उत्तर। गीतांजलि

Q.337 तमिलनाडु के नए मुख्यमंत्री हैं

उत्तर। एम के स्टालिन

Q.338 किस पुनर्जागरण कलाकार ने दुनिया की सबसे प्रसिद्ध पेंटिंग में से एक को चित्रित किया,मोना लीसा?

उत्तर। लियोनार्डो दा विंसी

Q.339 पिरामिड का निर्माण मिस्र के राजाओं द्वारा किसके उद्देश्य से किया गया था?

उत्तर। मृत शाही परिवार के सदस्यों को दफनाना

Q.340 'गुफा पेंटिंग' किसके दौरान की गई थी?

उत्तर। प्रागैतिहासिक काल

Q.341 'हंपी विजयनगर' क्यों प्रसिद्ध है?

उत्तर। मूर्तियाँ और स्मारक

Q.342 पोस्टर' का प्रयोग किसके लिए किया जाता है

उत्तर। प्रचार उद्देश्य/सूचना सामान्य रूप से सभी के लिए

Q.343 राजा रवि वर्मा एक प्रसिद्ध .... थे

उत्तर। चित्रकार

Q.345 कलमकारी चित्रों और ब्लॉक प्रिंटों में प्रयुक्त रंग किससे बने होते हैं?

उत्तर। सब्जी और खनिज

Q.346 कोंडापल्ली खिलौने हस्तशिल्प उद्योग कहाँ स्थित है?

उत्तर। कृष्णा जिला

Q.347 ताजमहल .... की स्मृति में बनाया गया था

उत्तर। मुमताज

Q.348 हजार स्तंभ मंदिर .... में स्थित है

उत्तर। वारंगल

Q.349 बोरा गुफाएँ................. के निकट स्थित हैं

उत्तर। विशाखापत्तनम

Q.350 सुलेख का अर्थ है

उत्तर। सुंदर लिखावट

Q.351 सिस्टिन चैपल सीलिंग पेंटिंग किसके द्वारा चित्रित की गई थी?

उत्तर। माइकल एंजेलो

Q.352 लोक कलाएँ किसकी कला रूप हैं?

उत्तर। आदिवासियों

Q.353 कला किसका एक रूप है?

उत्तर। स्व अभिव्यक्ति

•अंग्रेजी भाषा से जुड़े कुछ जरूरी प्रश्न:

Q.354 .... will captain the college team?

Ans. Who

Q.355 Political leaders should think of the people .... They are accountable.

Ans. To whom

Q.356 Gandhiji used .... major part of his time for spinning

Ans. a

Q.357 He is .... Right man for the job.

Ans. the

Q.358 Fragile means ....

Ans. Delicate

Q.359 The antonym of timid is

Ans. Adventurous

Q.360 The antonym of diligent is

Ans. Idle

Q.361 Abortive is the synonym of..........

Ans. Futile

Q.362 Fratricide means the murder of one"s ....

Ans. Brother

Q.363 The first person who .... the question will be awarded a prize.

Ans. Answers

Q.364 I hope you succeed ....your effort.

Ans. In

Q.365 Always be ....

Ans. Honest

Q.366 Tom has .... English lessons on Thursdays

Ans. His

Q.367 This film is .... than his last one

Ans. Better

Q.368 I am fair .... my sister is dark

Ans. But

Q.369 हॉटकलर कौन सा है?

उत्तर। लाल

Q.370 पत्थर से छाप लेने की प्रक्रिया कहलाती है?

उत्तर। प्लानोग्राफी प्रिंटिंग

Q.371 पहली पुस्तक मुद्रित रूप लकड़ी के ब्लॉक में कहाँ प्रकाशित हुई?

उत्तर। चीन

Q.372 मल्टीमीडिया क्या है?

उत्तर। डिजिटल आर्ट

Q.373 भारत का राष्ट्रीय चिन्ह किस पर आधारित है?

उत्तर। सारनाथ में अशोक सिंह पर

Q.374 सेंट्रल ललित कला अकादमी ने जोनल सेंटर स्थापित किया है, इनमें से एक शहर है?

उत्तर। दिल्ली

Q.375 एलीफेंटा किस लिए प्रसिद्ध है?

उत्तर। त्रिमूर्ति

Q.376 बंगाल स्कूल पेंटिंग अपने इन गुणों में से एक के लिए जाने जाते हैं?

उत्तर। वॉश की तकनीक

Q.377 निफ्ट एक शैक्षिक केंद्र है जो समर्पित है?

उत्तर। फैशन तकनीक

प्र.378 होर्डिंग का अधिकतम आकार है?

उत्तर। 20`x 60'

Q.379 पोस्टर होर्डिंग की तुलना मे................ होता है

उत्तर। स्माल

Q.380 प्रेस विज्ञापन का आकार किसके द्वारा दर्शाया गया है?

उत्तर। कॉलम

Q.381 पहला पोस्टर डिजाइनर था?

उत्तर। हेनरी डी टूलूज़-लॉट्रेक

Q.382 एक इंच में ------------- होता है?

उत्तर। 72 अंक

Q.383 सिल्क स्क्रीन बनाने में किस कपड़े का उपयोग किया जाता है?

उत्तर। बोल्टिंग क्लॉथ

Q.384 पत्र प्रेस मुद्रण प्रक्रिया के अंतर्गत आता है?

उत्तर। रिलीफ मुद्रण

Q.385 कबीरदास ने "निर्वाण" कहाँ प्राप्त किया?

उत्तर। मघारी

Q.386 भारत में रंगीन टी.वी. कब पेश किया गया था?

उत्तर। 1982

Q.387 "इंद्रधनुष" में कितने रंग होते हैं

उत्तर। सात

Q.388 मधुबनी पेंटिंग किस राज्य की हैं?

उत्तर। बिहार

Q.389 अशोक स्तंभ किसका बना था?

उत्तर। लाल बलुआ पत्थर

Q.390 जातक कथाएँ क्या हैं?

उत्तर। बुद्ध के पूर्व जन्म की कहानियाँ

Q.391 पेंटिंग के लिए सबसे महत्वपूर्ण कारक है?

उत्तर। अच्छा कागज

Q.392 अजंता पेंटिंग किससे संबंधित हैं?

उत्तर। गुप्त काल

Q.393 पोंगल किस राज्य का लोकप्रिय त्योहार है?

उत्तर। तमिलनाडु

Q.394 "वंदे मातरम" किसने लिखा था?

उत्तर। बंकिम चंद्र चैटर्जी

Q.395 चलायमान प्रकारों का आविष्कार किसके द्वारा किया गया था?

उत्तर। बी शेंग

Q.396 कंप्यूटर शब्दावली में "फ्लॉपी डिस्क" क्या है?

उत्तर। डेटा के लिए डिवाइस

Q.397 राजा रवि वर्मा का सबसे बड़ा संग्रह किस गैलरी में है?

उत्तर। चित्रा आर्ट गैलरी त्रिवेंद्रम

Q.398 मूल रंग है?

उत्तर। नीला, लाल, पीला

Q.399 पेपर कटिंग से बनी पेंटिंग को किस नाम से जाना जाता है?

उत्तर। कोलाज चित्र

Q.400 ओसामा बिन लादेन को कहाँ मार गिराया गया था?

उत्तर। पाकिस्तान

Q.401 ललित कला संकाय, जामिया के कितने विभाग हैं

उत्तर। छह विभाग

Q.402 "गोदान" उपन्यास किसने लिखा था?

उत्तर। मुंशी प्रेम चन्दो

Q.403 निम्नलिखित में से कौन सा प्रकाश स्रोत सबसे अधिक कुशल है?

उत्तर। एलईडी

Q.404 कंप्यूटर में जाने वाले डाटा को कहते हैं

उत्तर। इनपुट

Q.405 RAM का अर्थ है

उत्तर। रैंडम असैस्स मैमोरी

Q.406 अंतरिक्ष एजेंसी NASA का संबंध किस देश से है?

उत्तर। यू एस ए

Q.407 निम्नलिखित में से कौन ऊर्जा के गैर-पारंपरिक स्रोत हैं?

उत्तर। सौर ऊर्जा

Q.408 क्षेत्रफल की दृष्टि से सबसे बड़ा महाद्वीप है:

उत्तर। एशिया

Q.409 एक दस्तावेज़ लेआउट जहाँ चौड़ाई ऊंचाई से अधिक है

उत्तर। लैंडस्केप

Q.410 भारत का चुनाव आयोग कहाँ स्थित है?

उत्तर। नई दिल्ली

Q.411 फील्ड हॉकी में, प्रत्येक टीम में किसी भी समय मैदान पर ..... खिलाड़ी होते हैं।

उत्तर। 11

Q.412 स्टैच्यू ऑफ लिबर्टी कहाँ स्थित है?

उत्तर। न्यूयॉर्क, अमेरिका

Q.413 प्रसिद्ध मोनालिसा पेंटिंग आज कहाँ स्थित है?

उत्तर। म्यूसी डी लौर्वे, पेरिस

Q.414 पेपर मेकिंग की शुरुआत कहाँ हुई थी?

उत्तर। चीन

Q.415 भारत का राष्ट्रीय पक्षी कौनसा है?

उत्तर। मोर

Q.416 हॉकी किस देश का राष्ट्रीय खेल है?

उत्तर। भारत

Q.417 कौन सा पक्षी शांति का प्रतीक है?

उत्तर। डव

Q.418 सबसे बड़े बुक स्टोर का नाम क्या है?

उत्तर। ऑक्सफ़ोर्ड

Q.419 जय गंगाजल फिल्म किसके द्वारा निर्देशित है?

उत्तर। प्रकाश झा

Q.420 "कालीघाट पेंटिंग" किसने बनाई?

उत्तर। जामिनी रॉय

Q.421 13वीं शताब्दी के अंत में किस प्रसिद्ध खोजकर्ता ने भारत का दौरा किया?

उत्तर। मार्को पोलो

Q.422 2015 में प्रतिष्ठित दादा साहब फाल्के पुरस्कार से किसे सम्मानित किया गया?

उत्तर। शशि कपूर

Q.423 6B पेंसिल हैं

उत्तर। बहुत मुलायम

Q.424 'लावणी' किसका प्रसिद्ध नृत्य है

उत्तर। महाराष्ट्र

Q.425 "कनेक्टिंग इंडिया" टैग लाइन किससे संबंधित है?

उत्तर। बीएसएनएल

Q.426 एलपीजी का क्या अर्थ है?

उत्तर। कुकिंग गैस

Q.427 लखनऊ कढ़ाई को...............के रूप में जाना जाता है

उत्तर। चिकनकारी कढ़ाई

Q.428 पिकासो की सबसे प्रसिद्ध पेंटिंग कौन सी है?

उत्तर। ग्वेर्निका

Q.429 किस कंपनी का नाम नदी के नाम पर आधारित है?

उत्तर। नोकिया

Q.430 शब्द "पीसी" का अर्थ है,

उत्तर। निजी कंप्यूटर

Q.431 पेंटर केजी सुब्रमण्यम किस राज्य से हैं

उत्तर। केरल

Q.432 पुलक बिस्वास जी 0का संबंध किससे है?

उत्तर। पुस्तक चित्रण

Q.433 किस माध्यम को सूखने में सबसे अधिक समय लगता है?

उत्तर। तेल

Q.434 भारतीय सौंदर्य प्रसाधन उत्पाद कहाँ से हैं?

उत्तर। हिंदुस्तान लीवर

Q.435 किसी पुस्तक में प्रयुक्त औसत फ़ॉन्ट आकार क्या है?

उत्तर। 12 अंक

Q.436 विक्टोरिया मेमोरियल हॉल कहाँ स्थित है?

उत्तर। कोलकाता

Q.437 कौन सा शब्द ट्रैकिंग और कर्निंग से संबंधित है?

उत्तर। टाइपोग्राफी

Q.438 किस फिल्म ने सर्वश्रेष्ठ चित्र के लिए 89वां अकादमी पुरस्कार जीता?

उत्तर। चांदनी

Q.439 20वीं सदी के महानतम भारतीय फिल्म निर्माताओं में से कौन जाने जाते थे?

उत्तर। सत्यजीत रे

Q.440 बैंगनी ...... के मिश्रण से बनता है।

उत्तर। नीला + लाल

Q.441 पॉप आर्ट आंदोलन के सुपरस्टार कौन थे?

उत्तर। एंडी वारहोल

Q.442 JWT किसका नाम है?

उत्तर। विज्ञापन एजेंसी

Q.443 कौन सा स्मारक यूनेस्को की विश्व धरोहर स्थल नहीं है?

उत्तर। तुगलकाबाद किला

Q.444 2017 में सर्वश्रेष्ठ अभिनेता के लिए 64वें राष्ट्रीय फिल्म पुरस्कार का विजेता कौन है?

उत्तर। अक्षय कुमार

Q.445 कौन सा सॉफ्टवेयर एडोब क्रिएटिव सूट से संबंधित नहीं है?

उत्तर। कोरल ड्रा

Q.446 टैगलाइन "भारत का स्वाद" किससे संबंधित है....

उत्तर। अमूल

Q.447 Ctrl + A कमांड का अर्थ है

उत्तर। सिलेक्ट ऑल

Q.448 "स्वाद भी, स्वास्थ्य भी" किससे संबंधित है.....

उत्तर। मैगी

Q.449 पोस्टर रंग .... मध्यम है

उत्तर। ओपेक

Q.450 "HH" के रूप में चिह्नित एक पेंसिल .... है

उत्तर। वैरी हार्ड/ बहुत सख्त

Q.451 नोट्रे डेम कैथेड्रल अपने............. के लिए जाना जाता है।

उत्तर। फ्रेंच गोथिक वास्तुकला

Q.452 प्रसिद्ध मूर्तिकला "संथाल परिवार" किसने बनाया था?

उत्तर। रामकिंकर बैजो

Q.453 भारत गणराज्य का सर्वोच्च नागरिक पुरस्कार कौन सा है?

उत्तर। भारत रत्न पुरस्कार

Q.454 इंडिया गेट के वास्तुकार कौन थे?

उत्तर। एडविन लुटियंस

Q.455 लॉरियल पेरिस का नया वैश्विक ब्रांड एंबेसडर कौन है?

उत्तर। दीपिका पादुकोने

Q.456 मोरार्टो है ....

उत्तर। कलाकर

Q.457 ATM का पूर्ण naam क्या है?

उत्तर। ऑटोमेटिड टैलर मशीन

Q.458 बॉहॉस का अर्थ है ....

उत्तर। भवन का स्कूल

Q.459 पुसरला वेंटक सिंधु कौन है?

उत्तर। बैडमिंटन खिलाड़ी

Q.460 कृति देव .... का नाम है।

उत्तर। हिंदी फ़ॉन्ट

Q.461 केंद्र पोम्पीडौ .... में स्थित है

उत्तर। फ्रांस

Q.462 कंप्यूटर का प्रोसेसर उत्पन्न करता है

उत्तर। हीट

Q.463 हिंदुस्तान यूनिलीवर को...................के रूप में जाना जाता है

उत्तर। एफएमसीजी

Q.464 कार्बन प्रयुक्त रिबन .... का अनिवार्य भाग है

उत्तर। डॉट मैट्रिक्स प्रिंटर

Q.465 अतीत के बारे में जानकारी प्रदान करने वाले ऐतिहासिक दस्तावेजों का एक संग्रह क्या कहलाता है?

उत्तर। संग्रहालय

Q.466 एक समय की अवधि जब शिक्षक लोगों को पढ़ाता है

उत्तर। लेसन

Q.467 हैदराबाद और सिकंदराबाद के जुड़वां शहर किसके द्वारा जुड़े हुए हैं?

उत्तर। हुसैनसागर झील

Q.468 पोस्टर का मूल नाम?

उत्तर। बिल बोर्ड

Q.469 यह जानवर विष्णु के दस अवतारों से जुड़ा नहीं है

उत्तर। वनमानुस

Q.470 पर्यावरण, वन और जलवायु परिवर्तन मंत्रालय का गठन कब किया गया था?

उत्तर। 1985

ALL THE BEST FOR YOUR EXAMS